Impressum
Verlag: BABADADA GmbH, Nedderfeld 112 , 22529 Hamburg
Geschäftsführer / Verlagsleitung: Harald Hof
Druck: Books on Demand GmbH, In de Tarpen 42, 22848 Norderstedt

Imprint
Publisher: BABADADA GmbH, Nedderfeld 112 , 22529 Hamburg, Germany
Managing Director / Publishing direction: Harald Hof
Print: Books on Demand GmbH, In de Tarpen 42, 22848 Norderstedt, Germany

escola
kool

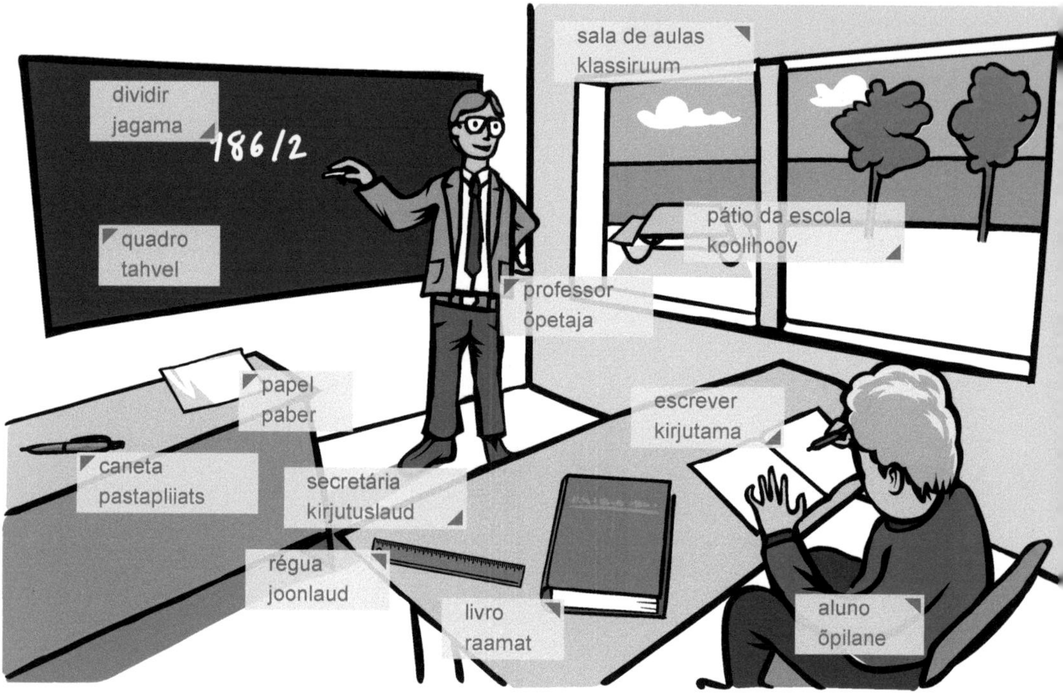
sala de aulas
klassiruum
dividir
jagama
186/2
quadro
tahvel
pátio da escola
koolihoov
professor
õpetaja
papel
paber
escrever
kirjutama
caneta
pastapliiats
secretária
kirjutuslaud
régua
joonlaud
livro
raamat
aluno
õpilane

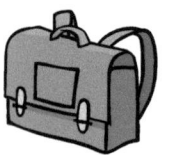

mochila

koolikott

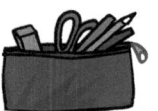

estojo de lápis

pinal

lápis

harilik pliiats

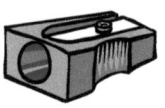

afia-lápis

pliiatsiteritaja

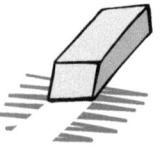

borracha

kustukumm

bloco de desenho

joonistusplokk

desenho
joonistus

pincel
pintsel

caixa de tintas
värvikarp

tesoura
käärid

cola
liim

livro de exercícios
töövihik

trabalhos de casa
kodutöö

12

número
number

2+2

somar
liitma

5-2

subtrair
lahutama

2×2

multiplicar
korrutama

calcular
arvutama

A

letra
täht

ABCDEFG HIJKLMN OPQRSTU VWXYZ

alfabeto
tähestik

hello

palavra
sõna

texto
tekst

ler
lugema

giz
kriit

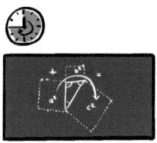

hora
koolitund

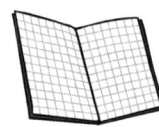

registo de presenças
klassipäevik

exame
eksam

certificado
tunnistus

uniforme escolar
koolivorm

educação
haridus

enciclopédia
entsüklopeedia

universidade
ülikool

microscópio
mikroskoop

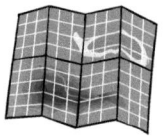

mapa
kaart

cesto de lixo
paberikorv

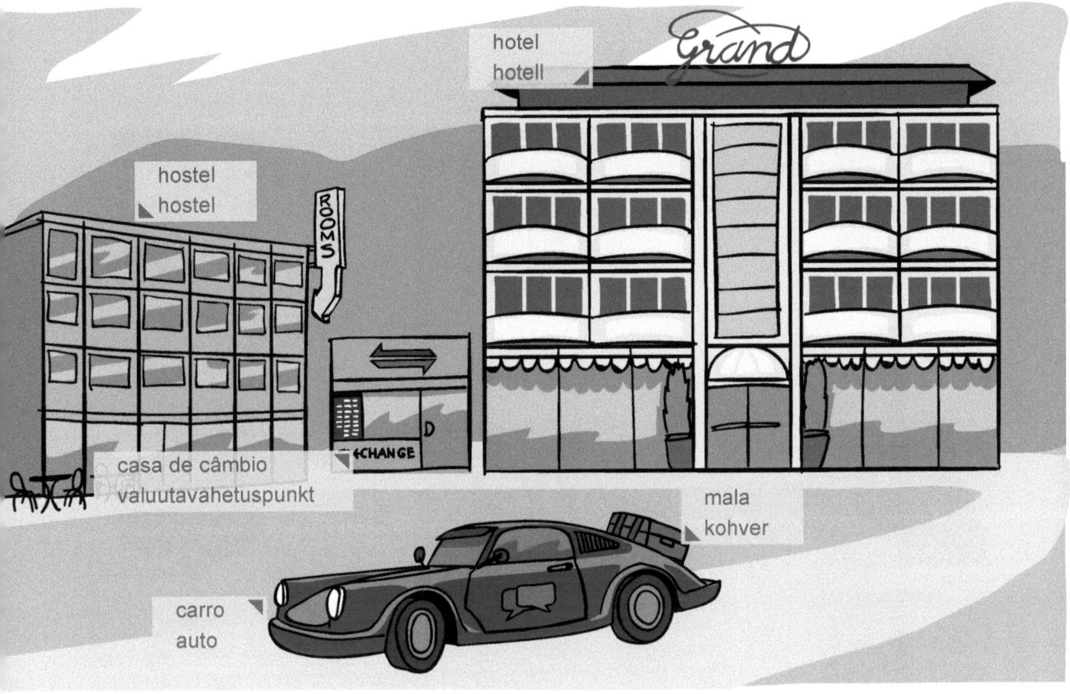

hotel
hotell
Grand
hostel
hostel
ROOMS
EXCHANGE
casa de câmbio
valuutavahetuspunkt
mala
kohver
carro
auto

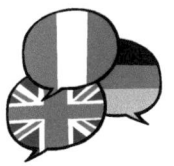

idioma

keel

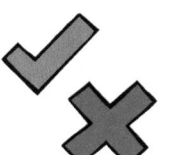

sim / não

jah / ei

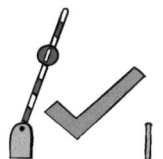

ok / certo / correto

okei

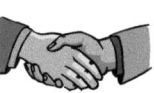

olá

Tere!

intérprete

tõlk

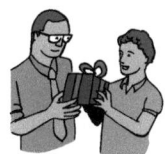

obrigado

Aitäh!

quanto é que custa... ?

Kui palju maksab ...?

não entendo

Ma ei saa aru

problema

probleem

boa noite!

Tere õhtust!

Bom dia!

Tere hommikust!

Boa noite!

Head ööd!

adeus

Head aega!

direção

suund

bagagem

pagas

saco

kott

mochila

seljakott

convidado

külaline

quarto

tuba

saco-cama

magamiskott

tenda

telk

informação turística

turismiinfo

praia

rand

cartão de crédito

krediitkaart

pequeno-almoço

hommikusöök

almoço

lõunasöök

jantar

õhtusöök

bilhete

pilet

elevador

lift

selo postal

postmark

fronteira

riigipiir

alfândega

toll

embaixada

saatkond

visto

viisa

passaporte

pass

transporte
transport

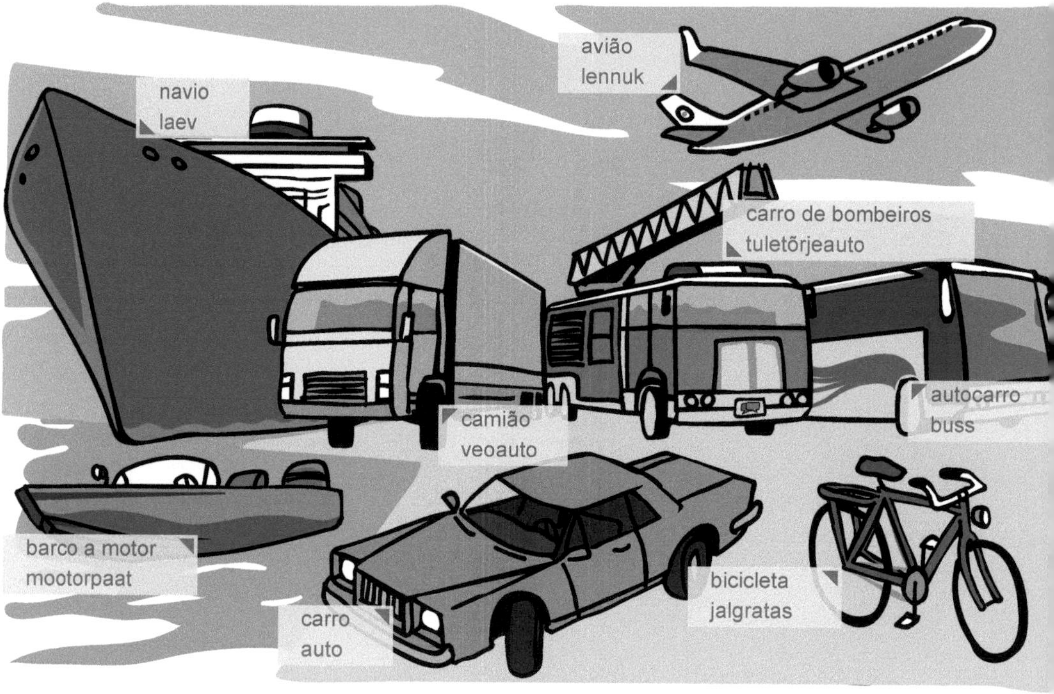

navio
laev
avião
lennuk
carro de bombeiros
tuletõrjeauto
autocarro
buss
camião
veoauto
barco a motor
mootorpaat
bicicleta
jalgratas
carro
auto

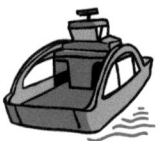

cacilheiro
praam

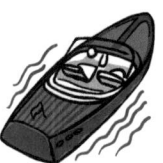

barco
paat

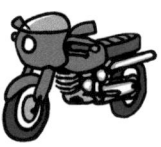

mota
mootorratas

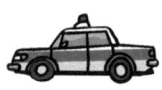

carro de polícia
politseiauto

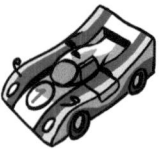

carro de corrida
võidusõiduauto

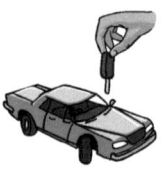

carro alugado
rendiauto

carsharing

ühisauto

camião de reboque

puksiirauto

camião do lixo

prügiauto

motor

mootor

combustível

kütus

estação de serviço

tankla

sinal de trânsito

liiklusmärk

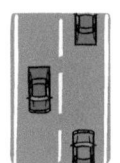

trânsito

liiklus

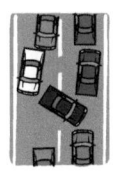

congestionamento de trânsito

liiklusummik

parque de estacionamento

parkla

estação ferroviária

raudteejaam

carris

rööpad

comboio

rong

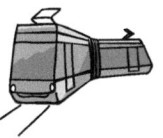

elétrico

tramm

carruagem

vagun

helicóptero

helikopter

aeroporto

lennujaam

torre

torn

passageiro

reisija

contentor

konteiner

caixa de papelão

pappkast

carrinho

käru

cesto

korv

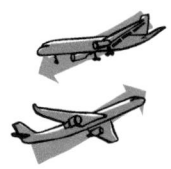

levantar voo / aterrar

õhku tõusma / maanduma

cidade

linn

aldeia

küla

centro da cidade

kesklinn

casa

maja

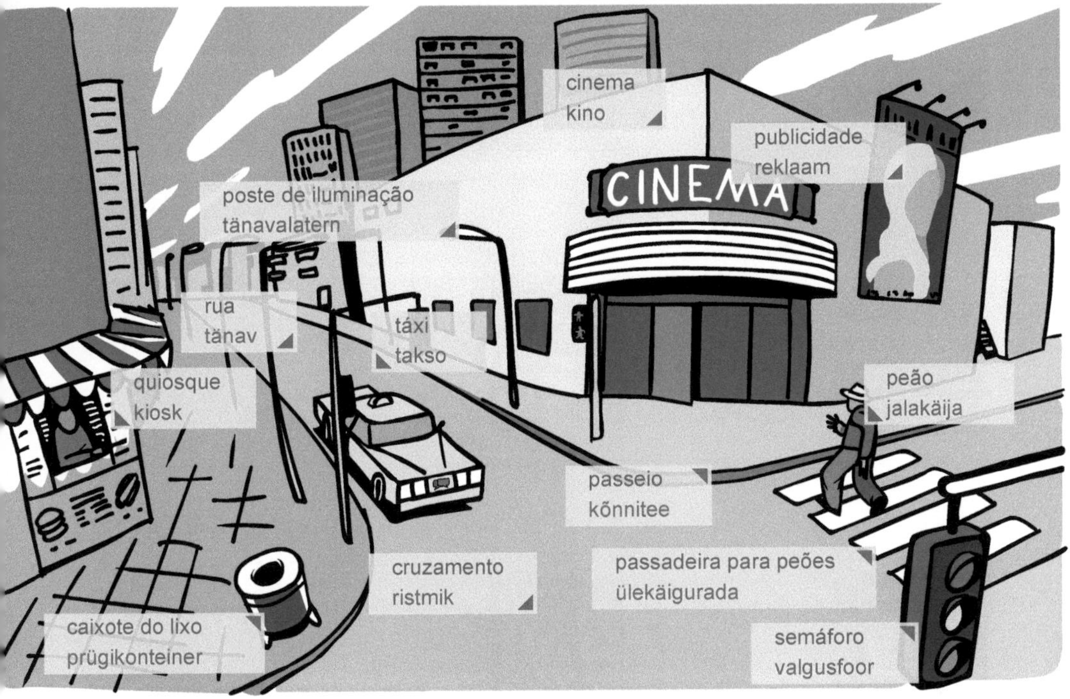

cinema
kino

publicidade
reklaam

poste de iluminação
tänavalatern

CINEMA

rua
tänav

táxi
takso

peão
jalakäija

quiosque
kiosk

passeio
kõnnitee

cruzamento
ristmik

passadeira para peões
ülekäigurada

caixote do lixo
prügikonteiner

semáforo
valgusfoor

cabana

osmik

apartamento

kortermaja

estação ferroviária

raudteejaam

câmara municipal

raekoda

museu

muuseum

escola

kool

universidade

ülikool

banco

pank

hospital

haigla

hotel

hotell

farmácia

apteek

escritório

kontor

livraria

raamatupood

loja

kauplus

florista

lillepood

supermercado

supermarket

mercado

turg

loja de departamentos

kaubamaja

peixaria

kalapood

centro comercial

kaubanduskeskus

porto

sadam

parque

park

banco

pink

ponte

sild

escadas

trepp

metro

metroo

túnel

tunnel

paragem de autocarro

bussipeatus

bar

baar

restaurante

restoran

caixa de correio

postkast

sinal de trânsito

tänavasilt

parquímetro

parkimisautomaat

jardim zoológico

loomaaed

piscina

ujula

mesquita

mošee

quinta
talu

poluição
reostus

cemitério
surnuaed

igreja
kirik

parque infantil
mänguväljak

templo
tempel

paisagem
maastik

folha
leht

placa de sinalização
teeviit

caminho
tee

prado
aas

pedra
kivi

caminhantes
matkaja

árvore
puu

rio
jõgi

relva
rohi

flor
lill

vale

org

montanha

mägi

lago

järv

floresta

mets

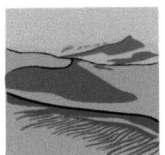

deserto

kõrb

vulcão

vulkaan

castelo

linnus

arco-íris

vikerkaar

cogumelo

seen

palma

palm

mosquito

sääsk

mosca

kärbes

formiga

sipelgas

abelha

mesilane

aranha

ämblik

besouro

mardikas

sapo

konn

esquilo

orav

ouriço

siil

lebre

jänes

coruja

öökull

pássaro

lind

cisne

luik

javali

metssiga

veado

hirv

alce

põder

barragem

pais

turbina eólica

tuuleturbiin

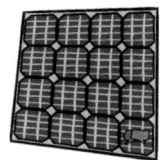

painel solar

päikesepaneel

clima

kliima

restaurante
restoran

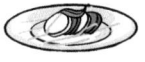

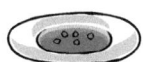

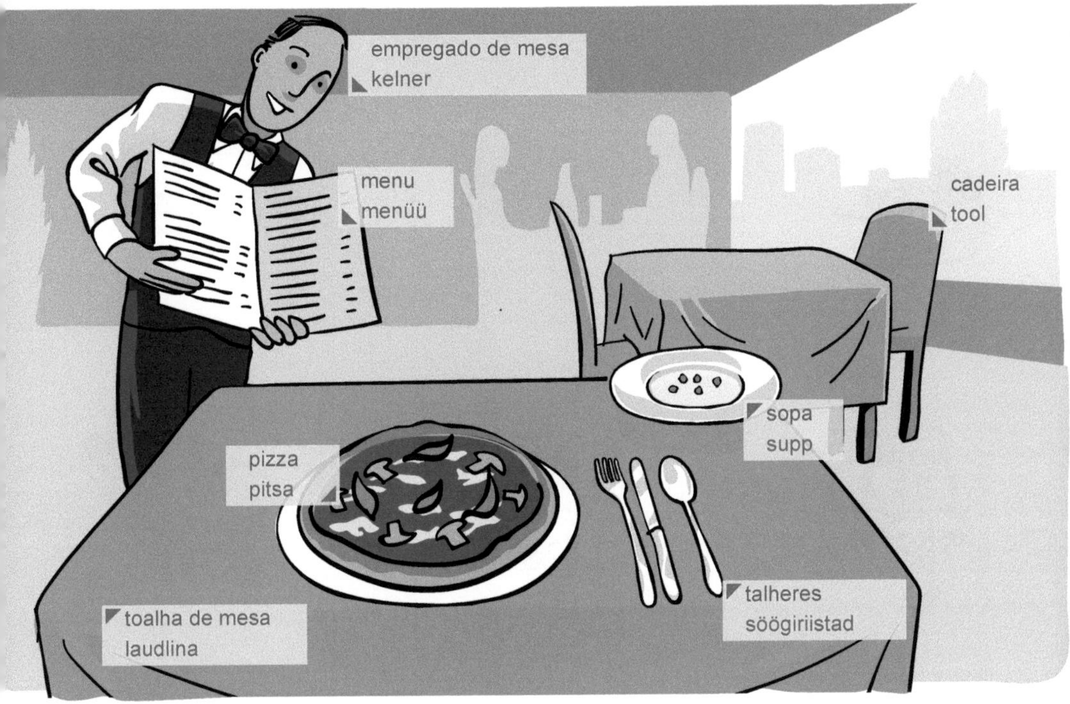
empregado de mesa
kelner
menu
menüü
cadeira
tool
sopa
supp
pizza
pitsa
talheres
söögiriistad
toalha de mesa
laudlina

entrada

eelroog

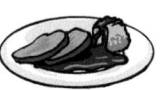

prato principal

pearoog

sobremesa

magustoit

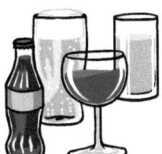

bebidas

joogid

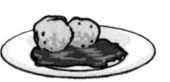

comida

toit

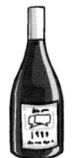

garrafa

pudel

fast food
kiirtoit

comida de rua
tänavatoit

bule de chá
teekann

açucareiro
suhkrutoos

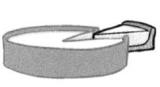

porção
portsjon

máquina de café expresso
espressomasin

cadeira alta
lastetool

conta
arve

bandeja
kandik

faca
nuga

garfo
kahvel

colher
lusikas

colher de chá
teelusikas

guardanapo
salvrätik

copo
klaas

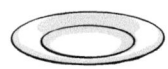

prato

taldrik

prato de sopa

supitaldrik

pires

alustass

molho

kaste

saleiro

soolatoos

moinho de pimenta

pipraveski

vinagre

äädikas

óleo

õli

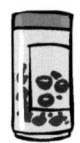

especiarias

vürtsid

ketchup

ketšup

mostarda

sinep

maionese

majonees

supermercado
supermarket

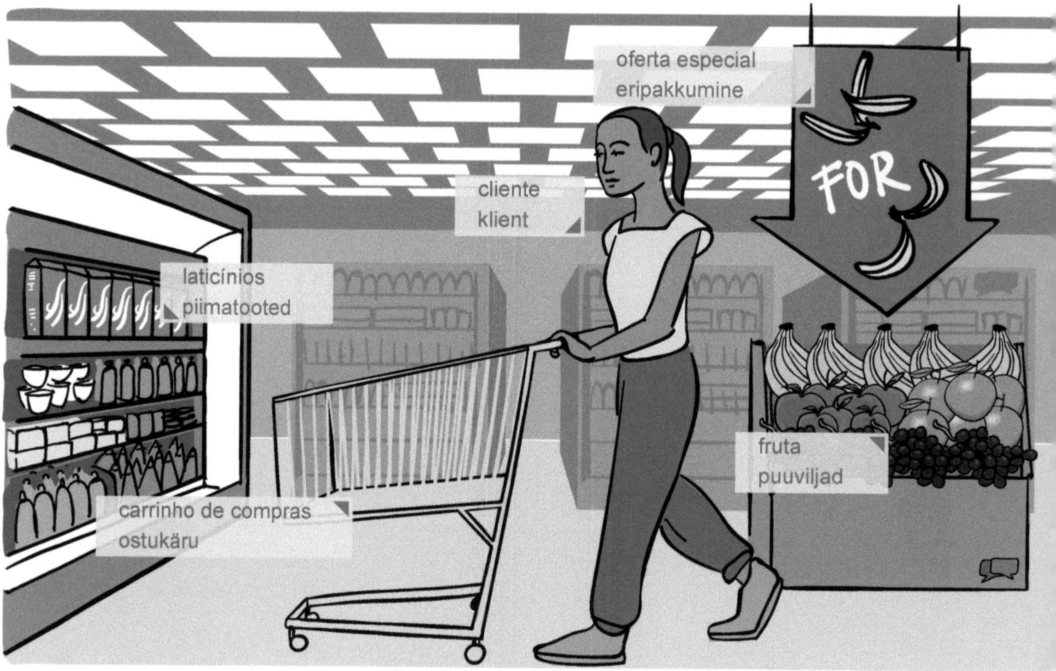

oferta especial
eripakkumine
FOR
cliente
klient
laticínios
piimatooted
fruta
puuviljad
carrinho de compras
ostukäru

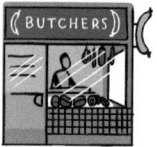

BUTCHERS

talho

lihapood

BAKERY

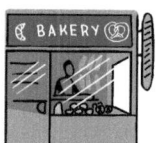

padaria

pagariäri

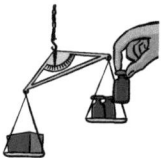

pesar

kaaluma

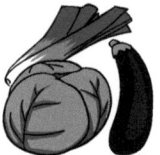

vegetais

köögiviljad

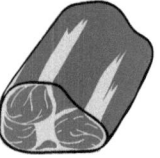

carne

liha

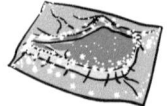

alimentos congelados

külmutatud toit

charcutaria

lihalõigud

comida enlatada

konservid

detergente em pó

pesupulber

doces

maiustused

artigos domésticos

majatarbed

produtos de limpeza

puhastustooted

vendedora

müüja

caixa

kassaaparaat

caixa

kassapidaja

lista de compras

ostunimekiri

horário de funcionamento

lahtiolekuajad

carteira

rahakott

cartão de crédito

krediitkaart

saco

kott

saco de plástico

kilekott

água

vesi

sumo

mahl

leite

piim

coca-cola

koola

vinho

vein

cerveja

õlu

álcool

alkohol

cacau

kakao

chá

tee

café

kohv

café expresso

espresso

capuccino

cappuccino

banana

banaan

maçã

õun

laranja

apelsin

melão

arbuus

limão

sidrun

cenoura

porgand

alho

küüslauk

bambu

bambus

cebola

sibul

cogumelo

seen

nozes

pähklid

talharim

nuudlid

esparguete

spagetid

arroz

riis

salada

salat

batatas fritas

friikartulid

batatas fritas

praekartulid

pizza

pitsa

hambúrguer

hamburger

sanduíche

võileib

bife panado

šnitsel

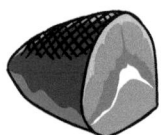

fiambre

sink

salame

salaami

salsicha

vorst

galinha

kana

assado

praeliha

peixe

kala

flocos de aveia
kaerahelbed

muesli
müsli

flocos de milho
maisihelbed

farinha
jahu

croissant
sarvesai

carcaça (pãozinho)
kukkel

pão
leib

torrada
röstsai

biscoitos
küpsised

manteiga
või

requeijão
kohupiim

bolo
kook

ovo
muna

ovo estrelado
praemuna

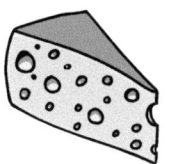

queijo
juust

gelado
jäätis

açúcar
suhkur

mel
mesi

compota
moos

creme de nougat
pähklivõie

caril
karri

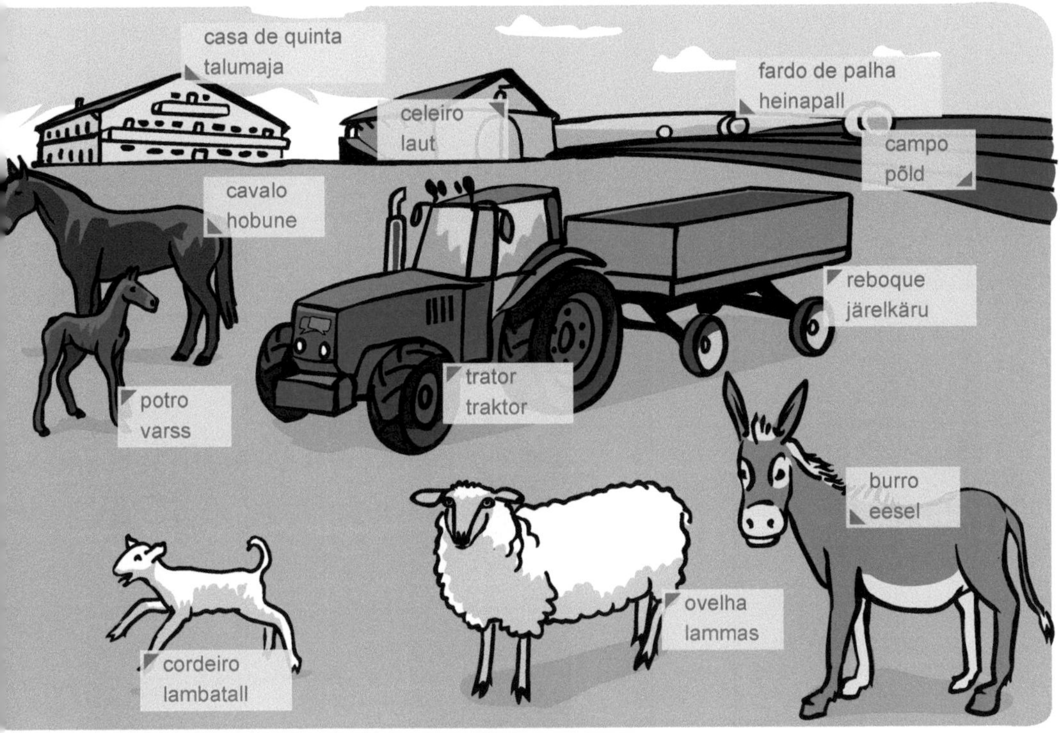

casa de quinta
talumaja

celeiro
laut

fardo de palha
heinapall

campo
põld

cavalo
hobune

reboque
järelkäru

potro
varss

trator
traktor

burro
eesel

cordeiro
lambatall

ovelha
lammas

cabra
kits

vaca
lehm

bezerro
vasikas

porco
siga

leitão
põrsas

touro
pull

ganso
hani

pato
part

pintaínho
tibu

galinha
kana

galo
kukk

ratazana
rott

gato
kass

rato
hiir

boi
härg

cão
koer

casota
koerakuut

mangueira de jardim
aiavoolik

regador
kastekann

foice
vikat

arado
ader

foice

sirp

enxada

kõblas

forquilha

hang

machado

kirves

carrinho de mão

käru

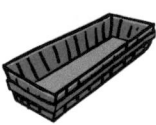

manjedoura

küna

jarro de leite

piimanõu

saco

kott

cerca

tara

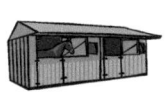

estábulo

tall

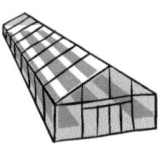

estufa

kasvuhoone

solo

muld

semente

seeme

fertilizante

väetis

ceifeira-debulhadora

kombain

colher

saaki koristama

colheita

saagikoristus

inhame

jamss

trigo

nisu

soja

soja

batata

kartul

milho

mais

colza

raps

árvore de fruto

viljapuu

mandioca

maniokk

cereais

teravili

casa
maja

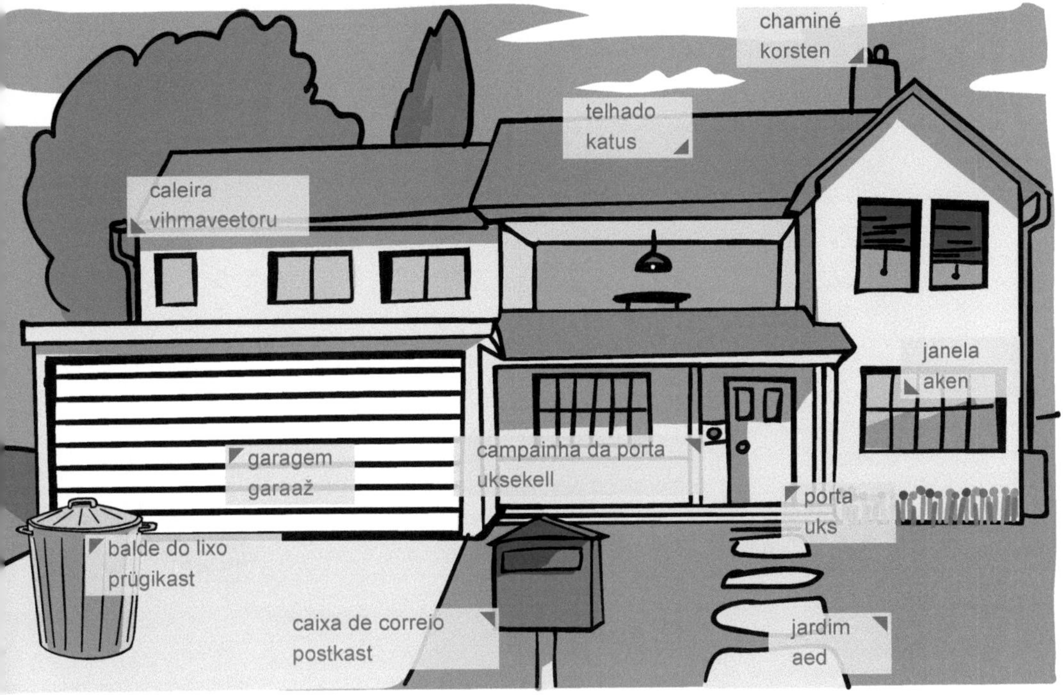

chaminé
korsten
telhado
katus
caleira
vihmaveetoru
janela
aken
garagem
garaaž
campainha da porta
uksekell
porta
uks
balde do lixo
prügikast
caixa de correio
postkast
jardim
aed

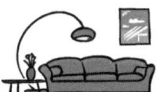

sala de estar

elutuba

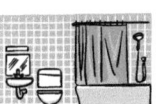

casa de banho

vannituba

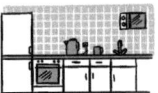

cozinha

köök

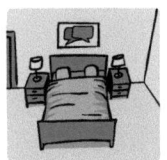

quarto de dormir

magamistuba

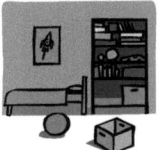

quarto de criança

lastetuba

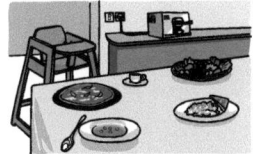

sala de jantar

söögituba

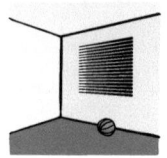

chão
põrand

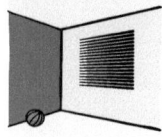

parede
sein

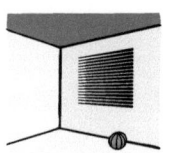

teto
lagi

cave
kelder

sauna
saun

varanda
rõdu

terraço
terrass

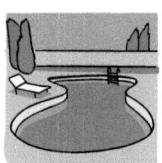

piscina
bassein

máquina de cortar relvado
muruniiduk

lençol
voodilina

cobertor
päevatekk

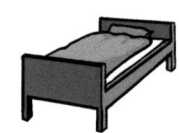

cama
voodi

vassoura
luud

balde
ämber

interruptor
lüliti

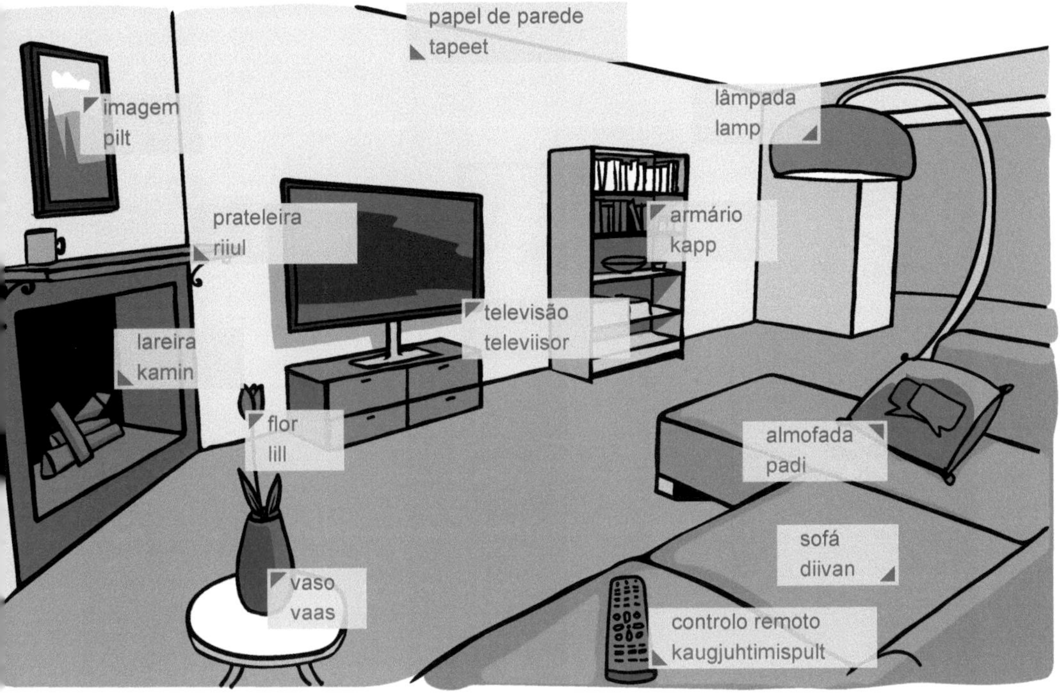

papel de parede
tapeet

imagem
pilt

lâmpada
lamp

prateleira
riiul

armário
kapp

lareira
kamin

televisão
televiisor

flor
lill

almofada
padi

sofá
diivan

vaso
vaas

controlo remoto
kaugjuhtimispult

tapete
vaip

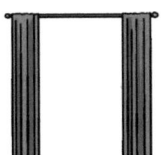

cortina
kardin

mesa
laud

cadeira
tool

cadeira de baloiço
kiiktool

poltrona
tugitool

livro

raamat

cobertor

tekk

decoração

kaunistus

lenha

küttepuud

filme

film

sistema estéreo

helisüsteem

chave

võti

jornal

ajaleht

pintura

maal

póster

plakat

rádio

raadio

bloco de notas

märkmik

aspirador

tolmuimeja

cato

kaktus

vela

küünal

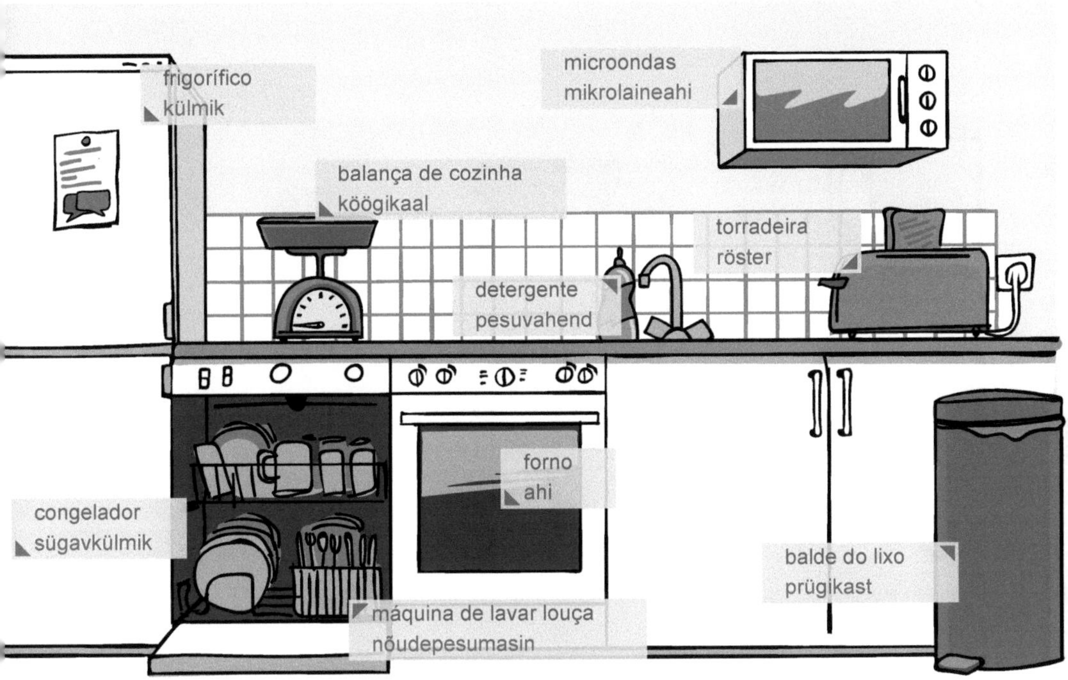

frigorífico
külmik

microondas
mikrolaineahi

balança de cozinha
köögikaal

torradeira
röster

detergente
pesuvahend

congelador
sügavkülmik

forno
ahi

balde do lixo
prügikast

máquina de lavar louça
nõudepesumasin

fogão
pliit

panela
pott

panela de ferro
malmpott

wok / kadai
vokkpann

frigideira
pann

chaleira
veekeetja

panela a vapor

aurutaja

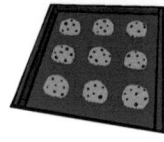

tabuleiro de forno

küpsetusplaat

louça

lauanõud

caneca

kruus

tigela

kauss

pauzinhos

söögipulgad

concha de sopa

kulp

espátula

pannilabidas

batedor de claras

vispel

escorredor

kurn

peneira

sõel

ralador

riiv

almofariz

uhmer

churrasqueira

grill

lareira

lahtine tuli

tábua de cortar

lõikelaud

rolo da massa

tainarull

saca-rolhas

korgitser

lata

konservipurk

abridor de latas

konserviavaja

luvas de forno

pajakinnas

lava-loiça

kraanikauss

escova

hari

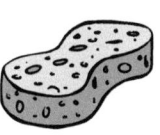

esponja

pesukäsn

liquidificador

kannmikser

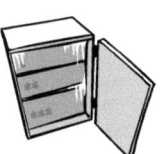

arca frigorífica

sügavkülmuti

biberão

lutipudel

torneira

segisti

cozinha - köök

casa de banho
vannituba

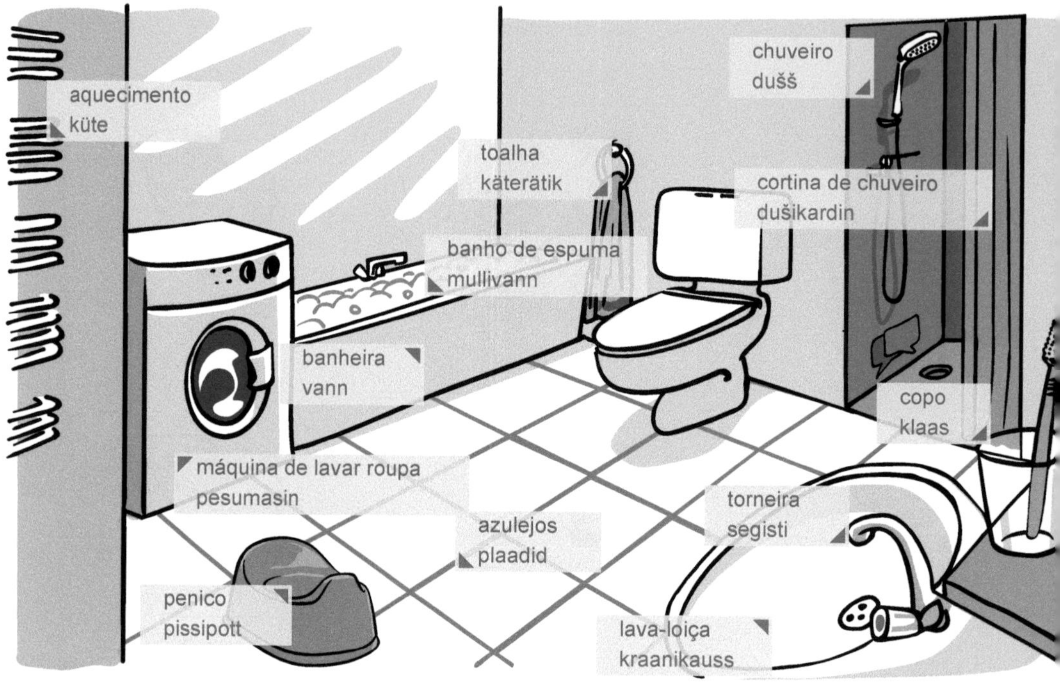

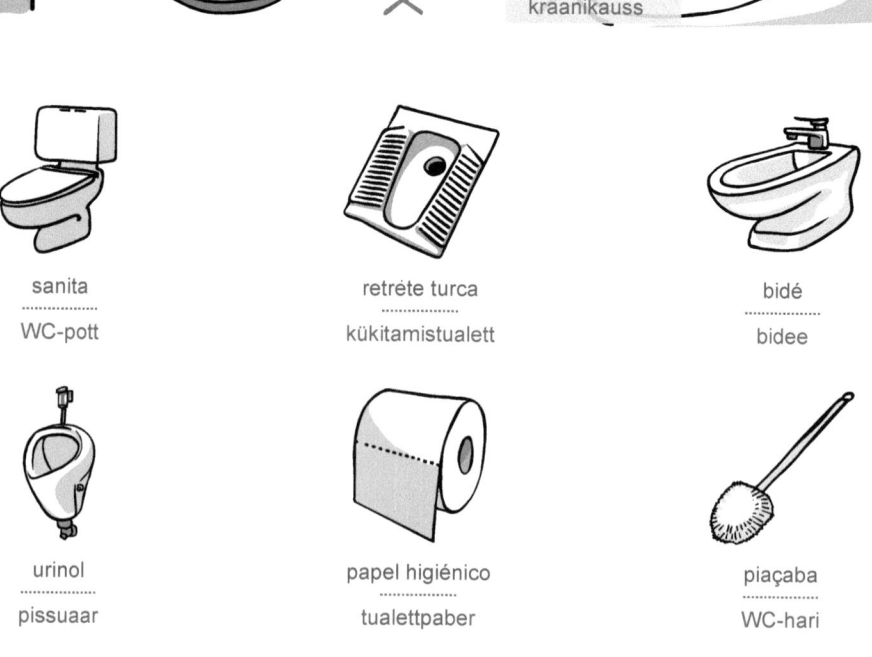

aquecimento
küte
chuveiro
dušš
toalha
käterätik
cortina de chuveiro
dušikardin
banho de espuma
mullivann
banheira
vann
copo
klaas
máquina de lavar roupa
pesumasin
torneira
segisti
azulejos
plaadid
penico
pissipott
lava-loiça
kraanikauss

sanita
WC-pott

retrete turca
kükitamistualett

bidé
bidee

urinol
pissuaar

papel higiénico
tualettpaber

piaçaba
WC-hari

escova de dentes
hambahari

pasta de dentes
hambapasta

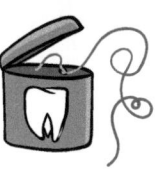

fio dentário
hambaniit

lavar
pesema

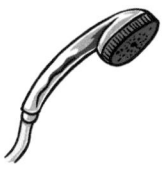

chuveiro de mão
käsidušš

duche íntimo
intiimdušš

bacia
pesukauss

escova para as costas
seljahari

sabonete
seep

gel de banho
dušigeel

champô
šampoon

toalha de rosto
vamm

escoamento
äravool

creme
kreem

desodorizante
deodorant

espelho

peegel

espelho de mão

käsipeegel

máquina de barbear

habemenuga

creme de barbear

raseerimisvaht

loção pós-barba

habemevesi

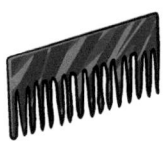

pente

kamm

escova

hari

secador de cabelo

föön

spray de cabelo

juukselakk

maquilhagem

meigikomplekt

batom

huulepulk

verniz de unhas

küünelakk

algodão

vatt

tesoura para unhas

küünekäärid

perfume

parfüüm

nécessaire

tualett-tarvete kott

tamborete

taburet

balança

kaal

roupão de banho

hommikumantel

luvas de borracha

kummikindad

tampão

tampoon

penso higiénico

hügieeniside

WC químico

keemiline tualett

quarto de criança
lastetuba

despertador
äratuskell
peluche
pehme mänguasi
carro de brincar
mänguauto
chocalho
kõristi
casa de bonecas
nukumaja
presente
kingitus

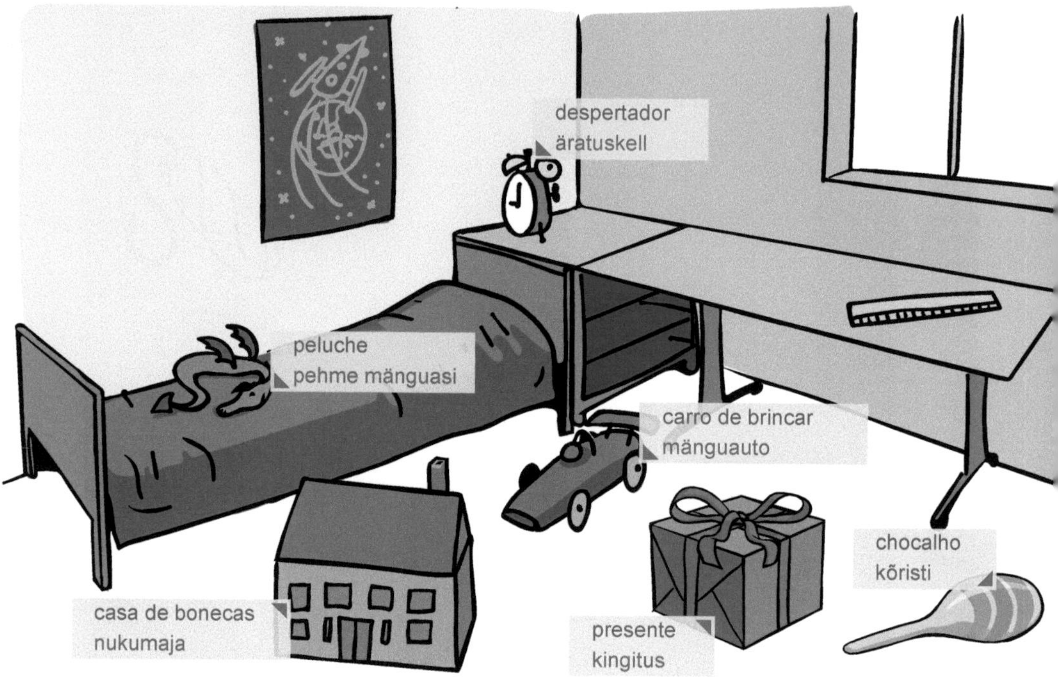

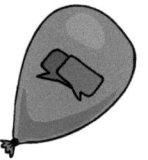

balão

õhupall

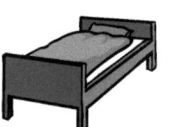

cama

voodi

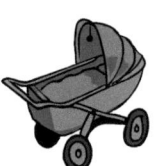

carrinho de bebé

lapsevanker

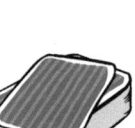

jogo de cartas

kaardipakk

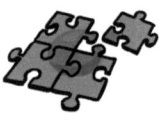

quebra-cabeças

pusle

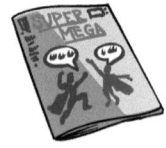

banda desenhada

koomiks

peças de Lego
....
Lego klotsid

blocos de construção
....
klotsid

figura de ação
....
kujuke

fato de bebé
....
siputuspüksid

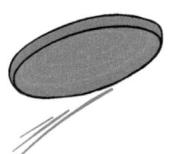

Frisbee
....
lendav taldrik

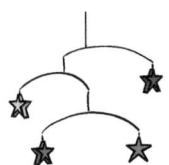

móbile para bebé
....
voodikarussell

jogo de tabuleiro
....
lauamäng

dados
....
täringud

pista de comboio elétrico
....
mudelrong

chupeta
....
lutt

festa
....
pidu

livro ilustrado
....
pildiraamat

bola
....
pall

boneca
....
nukk

jogar
....
mängima

caixa de areia
liivakast

baloiço
kiik

brinquedos
mänguasjad

consola de jogos
mängukonsool

triciclo
kolmerattaline jalgratas

ursinho de peluche
mängukaru

guarda-roupa
riidekapp

vestuário

riietus

meias
sokid

meias pelo joelho
sukad

meias-calças
sukkpüksid

cachecol
sall

guarda-chuva
vihmavari

t-shirt
T-särk

cinto
vöö

botas
saapad

chinelos
sussid

sapatilhas
tossud

sandálias
sandaalid

sapatos
jalatsid

botas de borracha
kummikud

cuecas
aluspüksid

sutiã
rinnahoidja

camisola interior
vest

body
bodi

calças
püksid

calças de ganga
teksapüksid

saia
seelik

blusa
pluus

camisa
särk

pulôver
sviiter

camisola com capuz
dressipluus

blazer
bleiser

casaco
jakk

manto
mantel

gabardina
vihmamantel

traje
kostüüm

vestido
kleit

vestido de casamento
pulmakleit

fato

ülikond

camisa de dormir

öösärk

pijama

pidžaama

sari

sari

lenço de cabeça

pearätt

turbante

turban

burca

burka

cafetã

kaftan

abaya

abayah

fato de banho

ujumistrikoo

calções de banho

ujumispüksid

calções

lühikesed püksid

fato de treino

dressid

avental

põll

luvas

kindad

botão

nööp

óculos

prillid

pulseira

käevõru

colar

kaelakee

anel

sõrmus

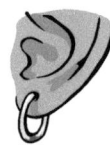

brinco

kõrvarõngas

boné

nokamüts

cabide

riidepuu

chapéu

kaabu

gravata

lips

fecho de correr

tõmblukk

capacete

kiiver

suspensórios

traksid

uniforme escolar

koolivorm

uniforme

vormirõivad

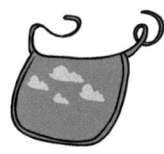

babete

pudipõll

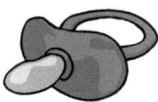

chupeta

lutt

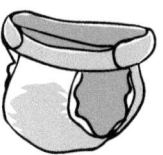

fralda

mähe

escritório
kontor

servidor
server
armário de arquivo
arhiivikapp
impressora
printer
papel
paber
ecrã
monitor
rato
hiir
secretária
kirjutuslaud
pasta
kaust
teclado
klaviatuur
cesto de lixo
paberikorv
computador
arvuti
cadeira
tool

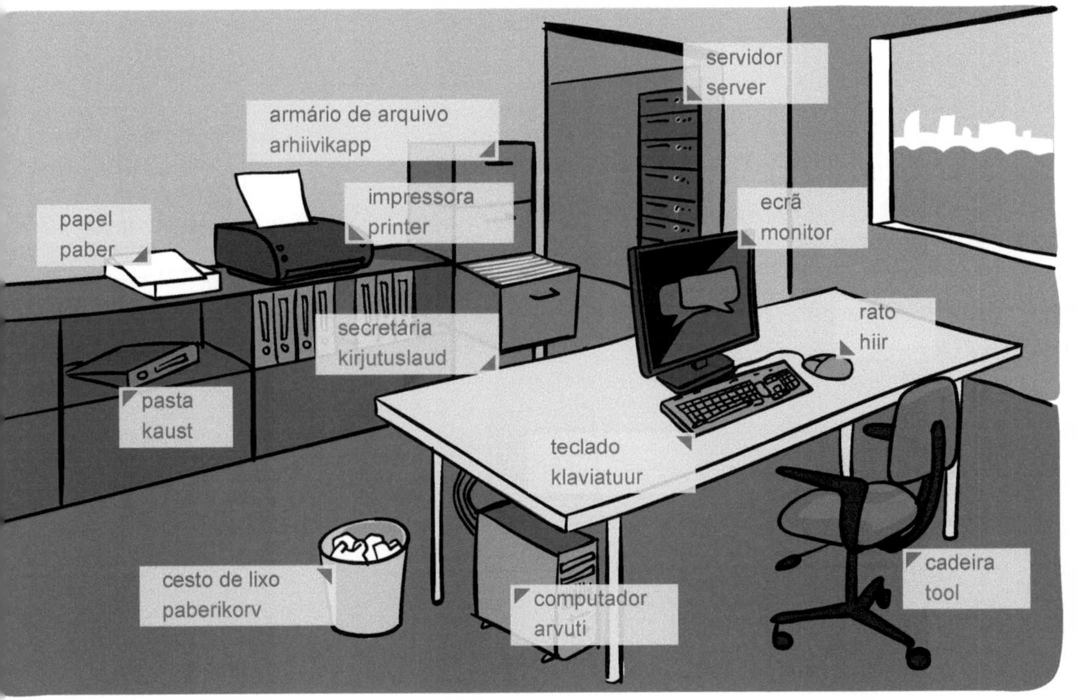

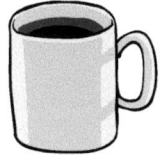

caneca de café

kohvikruus

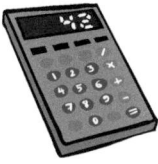

calculadora

kalkulaator

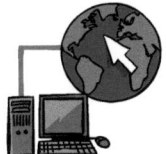

internet

internet

computador portátil

sülearvuti

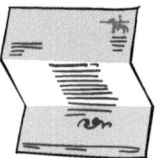

carta

kiri

mensagem

sõnum

telemóvel

mobiiltelefon

rede

võrk

fotocopiadora

koopiamasin

software

tarkvara

telefone

telefon

tomada elétrica

pistikupesa

fax

faksimasin

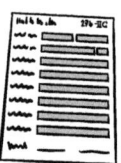

formulário

vorm

documento

dokument

comprar

ostma

pagar

maksma

negociar

vahetama

dinheiro

raha

dólar

dollar

euro

euro

yen

jeen

rublo

rubla

franco suíço

Šveitsi frank

renminbi yuan

renminbi jüaan

rupia

ruupia

caixa de multibanco

sularahaautomaat

casa de câmbio

valuutavahetuspunkt

ouro

kuld

prata

hõbe

petróleo

nafta

energia

energia

preço

hind

contrato

leping

imposto

maks

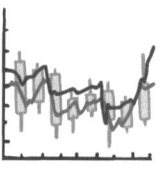

ação

aktsia

trabalhar

töötama

empregado

töötaja

entidade patronal

tööandja

fábrica

tehas

loja

kauplus

profissões
ametid

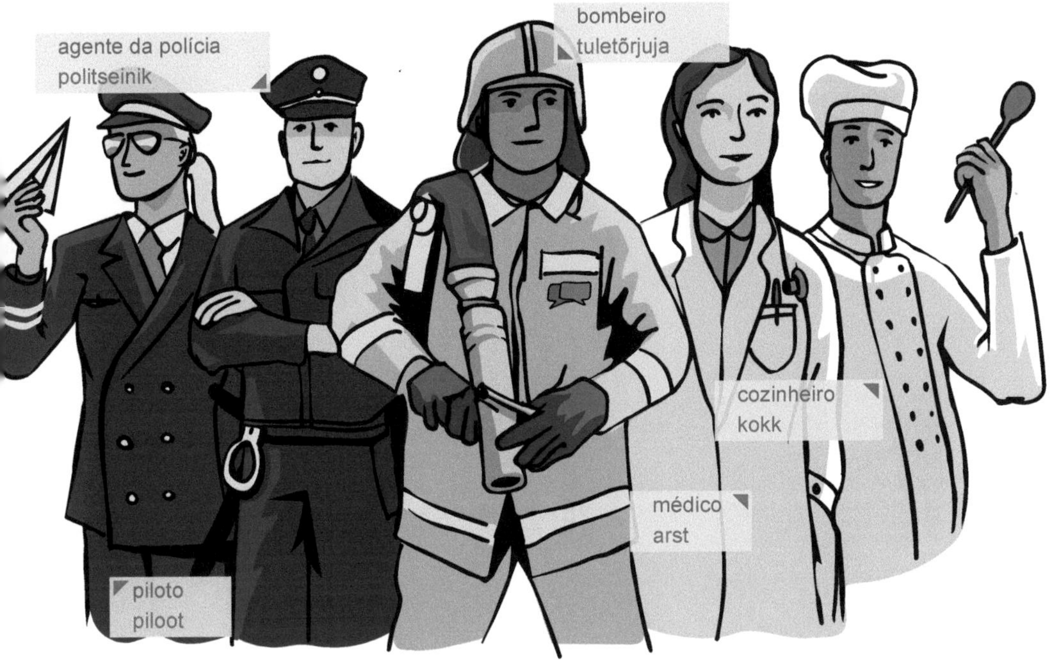

agente da polícia
politseinik
bombeiro
tuletõrjuja
cozinheiro
kokk
médico
arst
piloto
piloot

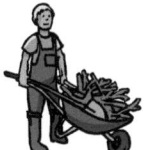

jardineiro

aednik

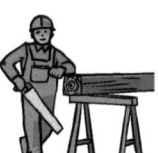

carpinteiro

puusepp

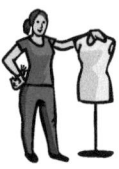

costureira

õmbleja

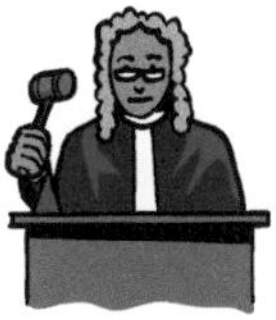

juiz

kohtunik

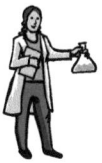

químico

keemik

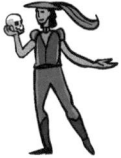

ator

näitleja

motorista de autocarro

bussijuht

motorista de táxi

taksojuht

pescador

kalamees

empregada de limpeza

koristaja

telhador

katusepaigaldaja

empregado de mesa

kelner

caçador

jahimees

pintor

maaler

padeiro

pagar

eletricista

elektrik

construtor

ehitaja

engenheiro

insener

talhante

lihunik

canalizador

torumees

carteiro

postiljon

profissões - ametid

soldado

sõdur

arquiteto

arhitekt

caixa

kassapidaja

florista

lillemüüja

cabeleireiro

juuksur

controlador de bilhetes

piletikontrolör

mecânico

mehaanik

capitão

kapten

dentista

hambaarst

cientista

teadlane

rabino

rabi

imã

imaam

monge

munk

pastor

preester

ferramentas
tööriistad

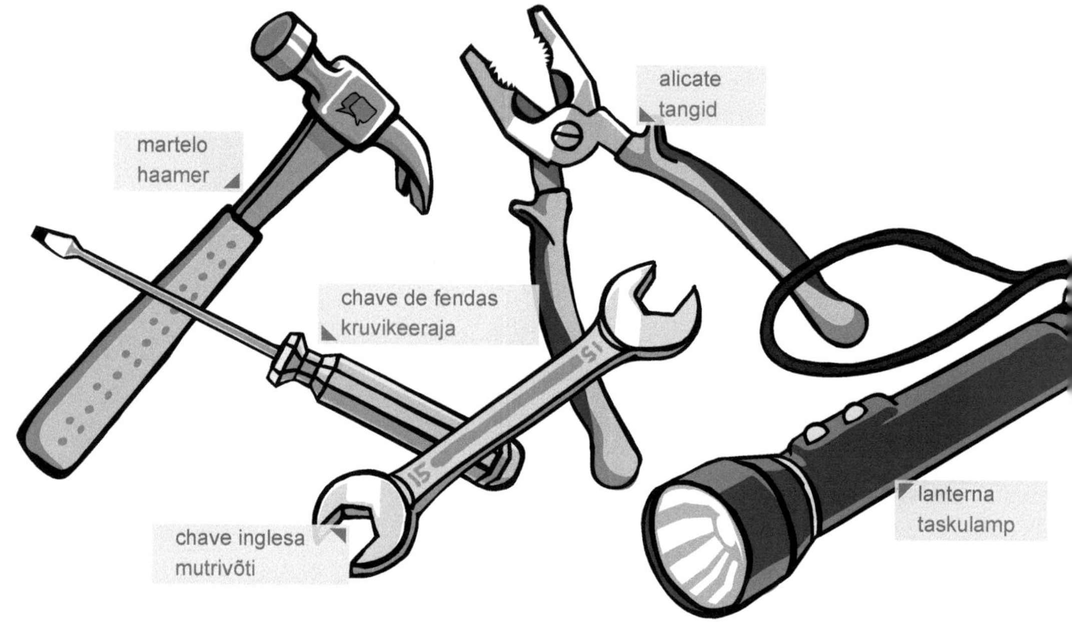
martelo
haamer
alicate
tangid
chave de fendas
kruvikeeraja
lanterna
taskulamp
chave inglesa
mutrivõti

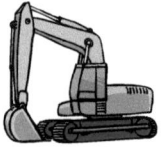

escavadora
ekskavaator

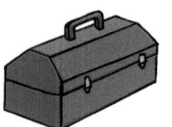

caixa de ferramentas
tööriistakast

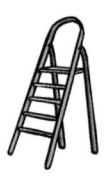

escadote
redel

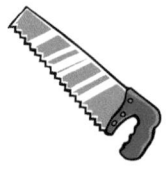

serra
saag

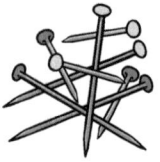

pregos
naelad

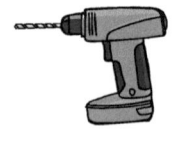

broca
trell

reparar
parandama

pá
labidas

porcaria!
Põrgusse!

pá de lixo
kühvel

pote de tinta
värvipott

parafusos
kruvid

instrumentos musicais
pillid

altifalante
kõlar

bateria
trummikomplekt

guitarra
kitarr

contrabaixo
kontrabass

trompete
trompet

piano

klaver

violino

viiul

baixo

bass

timbales

timpan

tambor

trummid

teclado

süntesaator

saxofone

saksofon

flauta

flööt

microfone

mikrofon

jardim zoológico
loomaaed

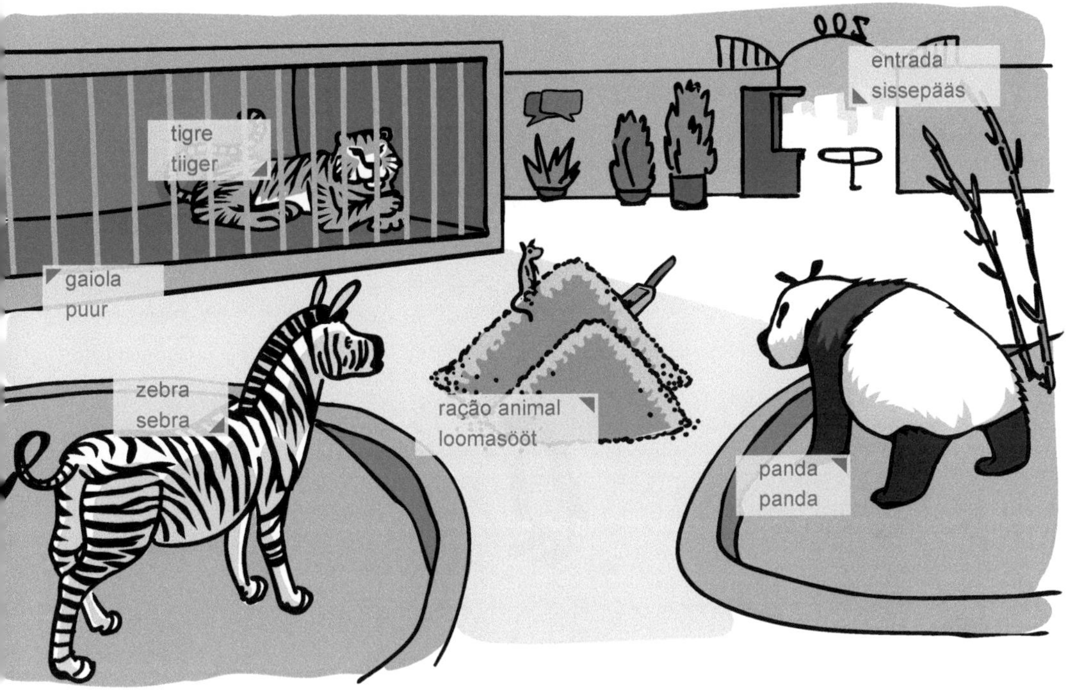
entrada
sissepääs
tigre
tiiger
gaiola
puur
zebra
sebra
ração animal
loomasööt
panda
panda

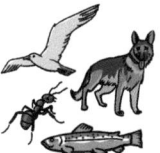

animais
loomad

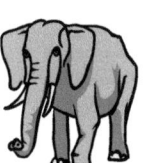

elefante
elevant

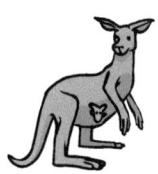

canguru
känguru

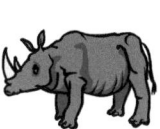

rinoceronte
ninasarvik

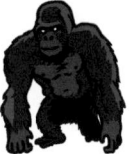

gorila
gorilla

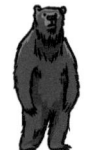

urso
karu

camelo

kaamel

avestruz

jaanalind

leão

lõvi

macaco

ahv

flamingo

flamingo

papagaio

papagoi

urso polar

jääkaru

pinguim

pingviin

tubarão

hai

pavão

paabulind

cobra

madu

crocodilo

krokodill

guarda do jardim zoológico

loomaaiatalitaja

foca

hüljes

jaguar

jaaguar

pónei

poni

leopardo

leopard

hipopótamo

jõehobu

girafa

kaelkirjak

águia

kotkas

javali

metssiga

peixe

kala

tartaruga

kilpkonn

morsa

morsk

raposa

rebane

gazela

gasell

futebol americano
Ameerika jalgpall

ciclismo
jalgrattasõit

ténis
tennis

basquetebol
korvpall

natação
ujumine

boxe
poksimine

hóquei no gelo
jäähoki

futebol
jalgpall

badminton
sulgpall

atletismo
kergejõustik

andebol
käsipall

esqui
suusatamine

polo
polo

saltar
hüppama

abraçar
kallistama

rir
naerma

andar
jalutama

cantar
laulma

sonhar
unistama

rezar
palvetama

beijar
suudlema

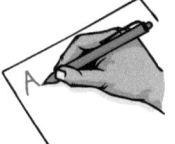

escrever
kirjutama

desenhar
joonistama

mostrar
näitama

empurrar
lükkama

dar
andma

tomar
võtma

ter
....
omama

fazer
....
tegema

ser
....
olema

ficar de pé
....
seisma

correr
....
jooksma

puxar
....
tõmbama

remessar
....
viskama

cair
....
kukkuma

deitar
....
lamama

esperar
....
ootama

carregar
....
kandma

sentar
....
istuma

vestir
....
riidesse panema

dormir
....
magama

acordar
....
ärkama

olhar para
vaatama

chorar
nutma

acariciar
paitama

pentear
kammima

falar
rääkima

compreender
aru saama

perguntar
küsima

ouvir
kuulama

beber
jooma

comer
sööma

arrumar
korrastama

amar
armastama

cozinhar
süüa tegema

conduzir
sõitma

voar
lendama

velejar

purjetama

calcular

arvutama

ler

lugema

aprender

õppima

trabalhar

töötama

casar

abielluma

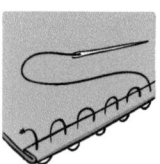

costurar

õmblema

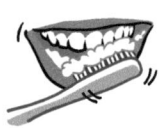

escovar os dentes

hambaid pesema

matar

tapma

fumar

suitsetama

enviar

saatma

avó
vanaema

avô
vanaisa

pai
isa

mãe
ema

bebé
imik

filha
tütar

filho
poeg

convidado
külaline

tia
tädi

tio
onu

irmão
vend

irmã
õde

corpo
keha

testa
otsmik
olho
silm
cara
nägu
queixo
lõug
peito
rind
dedo
sõrm
mão
käsi
braço
käsivars
ombro
õlg
perna
jalg

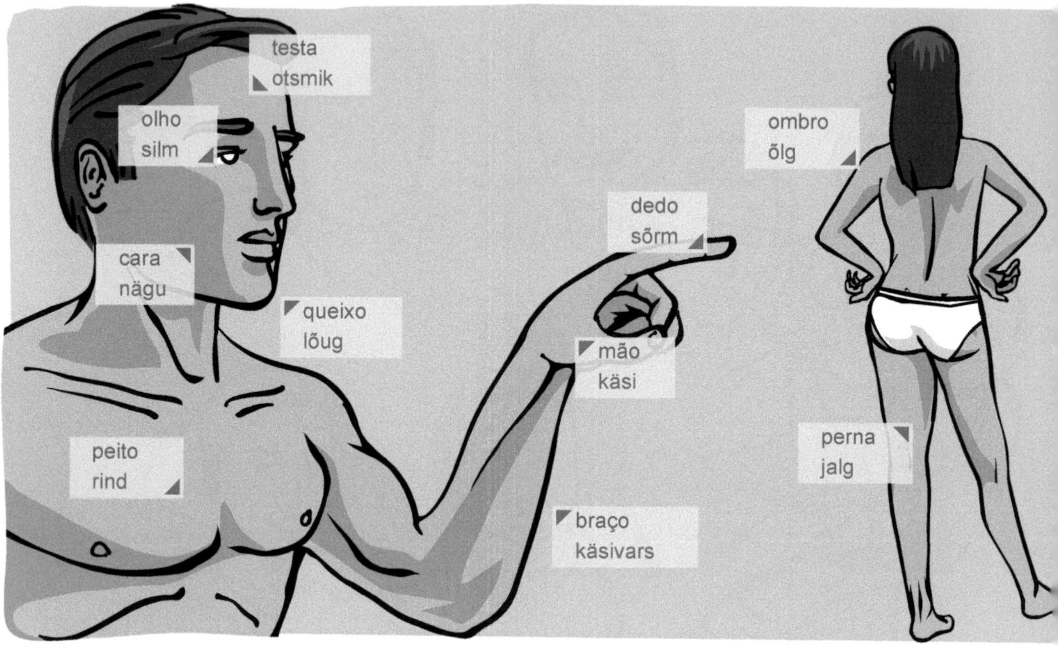

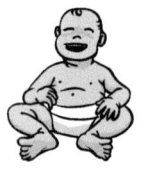

bebé

imik

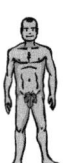

homem

mees

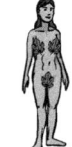

mulher

naine

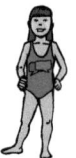

menina

tüdruk

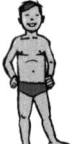

menino

poiss

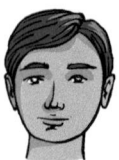

cabeça

pea

costas

selg

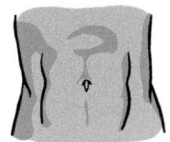

barriga

kõht

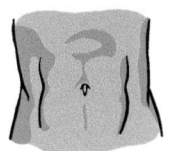

umbigo

naba

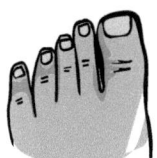

dedo do pé

varvas

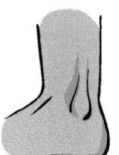

calcanhar

kand

osso

luu

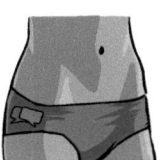

anca

puus

joelho

põlv

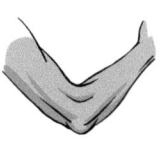

cotovelo

küünarnukk

nariz

nina

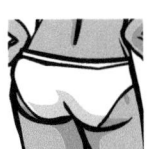

nádegas

tagumik

pele

nahk

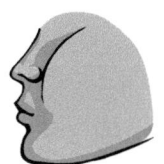

bochecha

põsk

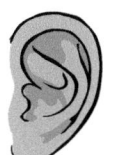

orelha

kõrv

lábio

huuled

boca
suu

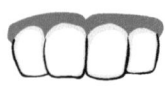

dente
hammas

língua
keel

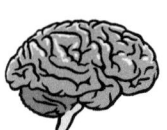

cérebro
aju

coração
süda

músculo
lihas

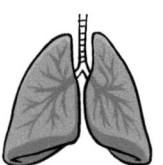

pulmão
kops

fígado
maks

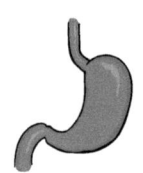

estômago
magu

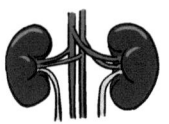

rins
neerud

relações sexuais
seksuaalvahekord

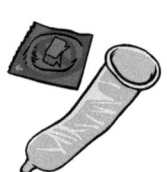

preservativo
kondoom

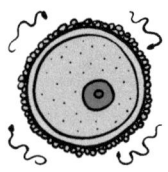

óvulo
munarakk

esperma
sperma

gravidez
rasedus

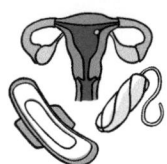

menstruação

menstruatsioon

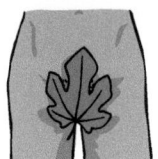

vagina

vagiina

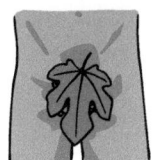

pénis

peenis

sobrancelha

kulm

cabelo

juuksed

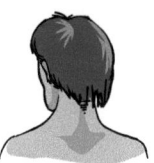

pescoço

kael

hospital
haigla

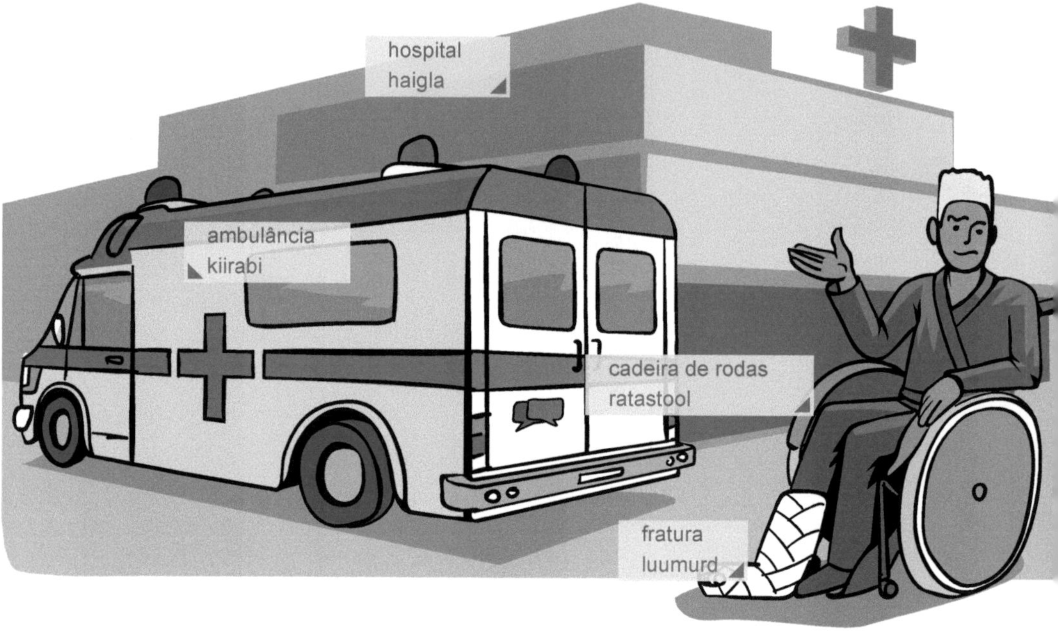

hospital
haigla
ambulância
kiirabi
cadeira de rodas
ratastool
fratura
luumurd

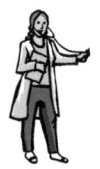

médico

arst

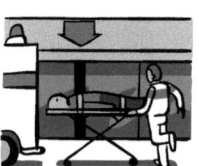

serviço de urgências

traumapunkt

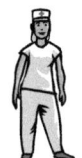

enfermeira

meditsiiniõde

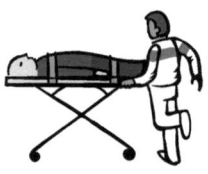

emergência

hädaolukord

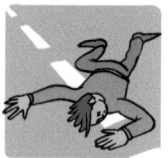

inconsciente

teadvuseta

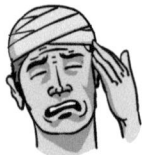

dor

valu

ferimento

vigastus

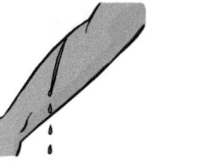

hemorragia

verejooks

ataque cardíaco

südamerabandus

acidente vascular cerebral

insult

alergia

allergia

tosse

köha

febre

palavik

gripe

gripp

diarreia

kõhulahtisus

dor de cabeça

peavalu

cancro

vähk

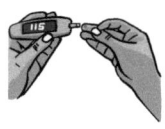

diabetes

diabeet

cirurgião

kirurg

bisturi

skalpell

operação

operatsioon

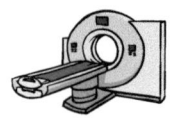

CT

KT

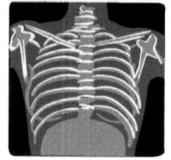

raio x

röntgen

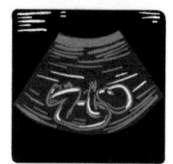

ultrassom

ultraheli

máscara

mask

doença

haigus

sala de espera

ooteruum

muleta

kark

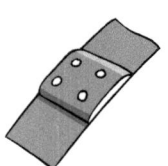

penso rápido

kips

ligadura

side

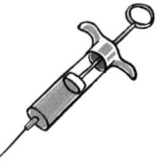

injeção

süst

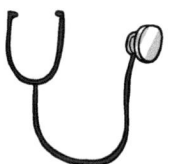

estetoscópio

stetoskoop

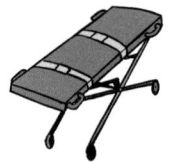

maca

kanderaam

termómetro

kraadiklaas

nascimento

sünd

excesso de peso

ülekaaluline

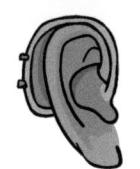

aparelho auditivo

kuuldeaparaat

desinfetante

desinfektsioonivahend

infeção

põletik

vírus

viirus

HIV / SIDA

HIV / AIDS

medicamento

meditsiin

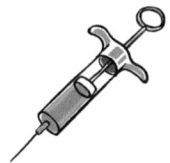

vacinação

vaktsineerimine

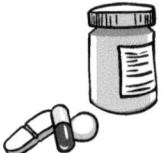

comprimidos

tabletid

pílula

pill

chamada de emergência

hädaabikõne

dispositivo de medição de
pressão arterial

vererõhuaparaat

doente / saudável

haige / terve

Socorro!

Appi!

alarme

häire

assalto

kallaletung

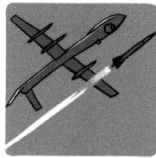

ataque

rünnak

perigo

oht

saída de emergência

avariiväljapääs

Fogo!

Tulekahju!

extintor de incêndios

tulekustuti

acidente

õnnetus

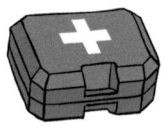

estojo de primeiros socorros

esmaabikomplekt

SOS

SOS

polícia

politsei

Europa

Euroopa

América do Norte

Põhja-Ameerika

América do Sul

Lõuna-Ameerika

África

Aafrika

Ásia

Aasia

Austrália

Austraalia

Atlântico

Atlandi ookean

Pacífico

Vaikne ookean

Oceano Índico

India ookean

Oceano Antártico

Lõuna-Jäämeri

Oceano Ártico

Põhja-Jäämeri

Polo Norte

põhjapoolus

Polo Sul

lõunapoolus

Antártica

Antarktika

terra

Maa

país

maismaa

mar

meri

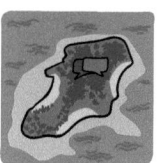

ilha

saar

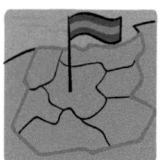

nação

rahvus

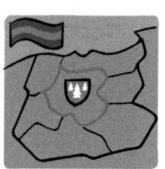

estado

riik

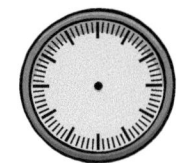

mostrador do relógio

sihverplaat

ponteiro das horas

tunniosuti

ponteiro dos minutos

minutiosuti

ponteiro dos segundos

sekundiosuti

Que horas são?

Mis kell on?

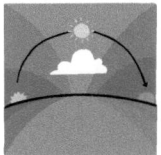

dia

päev

tempo

aeg

agora

praegu

relógio digital

digitaalne kell

minuto

minut

hora

tund

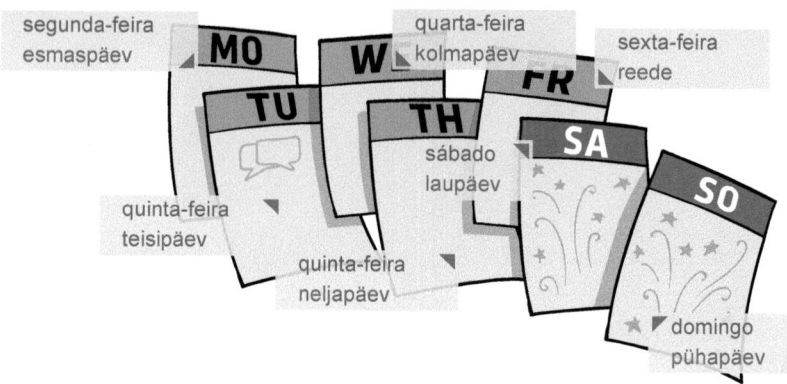

segunda-feira
esmaspäev

quarta-feira
kolmapäev

sexta-feira
reede

quinta-feira
teisipäev

sábado
laupäev

quinta-feira
neljapäev

domingo
pühapäev

ontem
eile

hoje
täna

amanhã
homme

manhã
hommik

meio-dia
lõuna

entardecer
õhtu

MO	TU	WE	TH	FR	SA	SU
1	2	3	4	5	6	7
8	9	10	11	12	13	14
15	16	17	18	19	20	21
22	23	24	25	26	27	28
29	30	31	1	2	3	4

dias úteis
tööpäevad

MO	TU	WE	TH	FR	SA	SU
1	2	3	4	5	6	7
8	9	10	11	12	13	14
15	16	17	18	19	20	21
22	23	24	25	26	27	28
29	30	31	1	2	3	4

fim de semana
nädalavahetus

ano

aasta

chuva
vihm
arco-íris
vikerkaar
neve
lumi
vento
tuul
primavera
kevad
outono
sügis
verão
suvi
inverno
talv

4.APRIL 11°
5.APRIL 4°
6.APRIL 13°
7.APRIL 8°
8.APRIL 10°

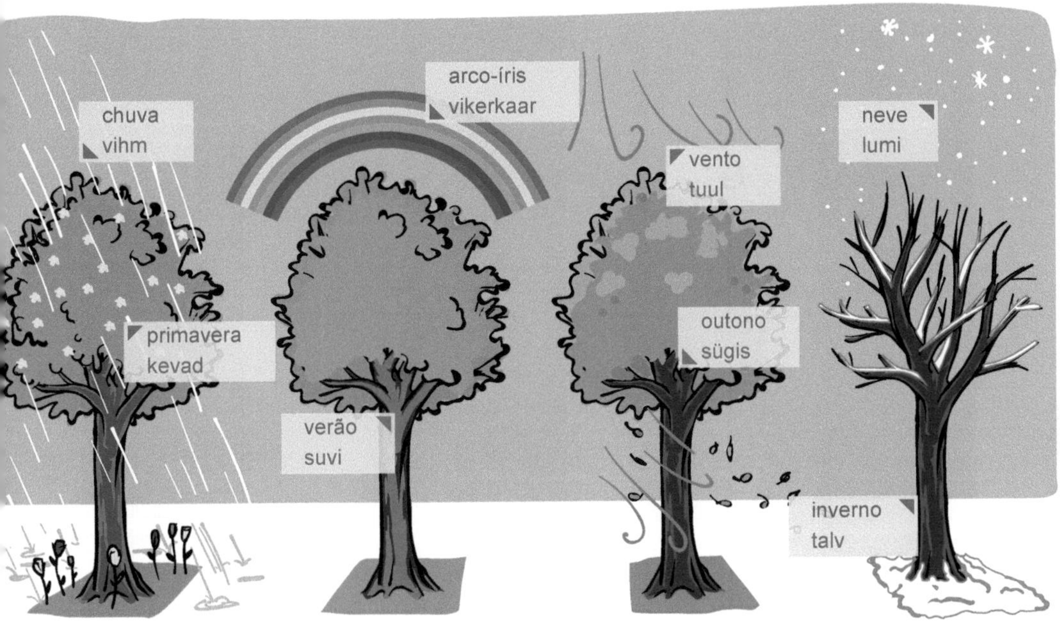

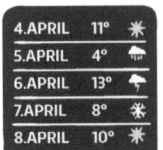

previsão do tempo

ilmaennustus

F C
120 40
90 30
60 20
30 10
0 0
-30 -10
-20

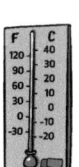

termómetro

termomeeter

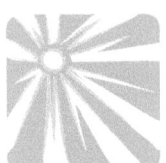

raios de sol

päikesepaiste

nuvem

pilv

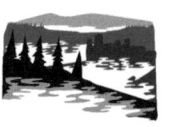

neblina / nevoeiro

udu

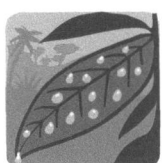

humidade do ar

niiskus

relâmpago

pikne

trovão

kõu

tempestade

torm

granizo

rahe

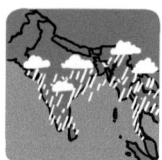

monção

mussoon

inundação

üleujutus

gelo

jää

janeiro

jaanuar

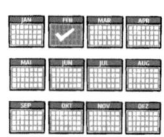

fevereiro

veebruar

março

märts

abril

aprill

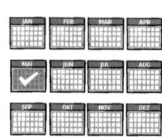

maio

mai

junho

juuni

julho

juuli

agosto

august

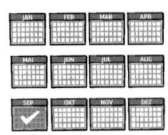

setembro
....
september

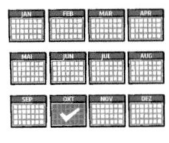

outubro
....
oktoober

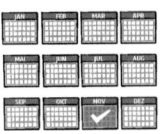

novembro
....
november

dezembro
....
detsember

círculo
....
ring

quadrado
....
ruut

retângulo
....
nelinurk

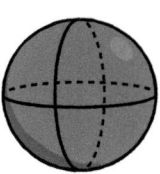

triângulo
....
kolmnurk

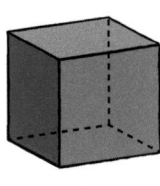

esfera
....
kera

cubo
....
kuup

branco
valge

amarelo
kollane

laranja
oranž

rosa
roosa

vermelho
punane

lilás
lilla

azul
sinine

verde
roheline

castanho
pruun

cinzento
hall

preto
must

muito / pouco

palju / vähe

furioso / calmo

vihane / rahulik

lindo / feio

ilus / inetu

princípio / fim

algus / lõpp

grande / pequeno

suur / väike

claro / escuro

hele / tume

irmão / irmã

vend / õde

limpo / sujo

puhas / must

completo / incompleto

täielik / puudulik

dia / noite

päev / öö

morto / vivo

surnud / elus

largo / estreito

lai / kitsas

comestível / não comestível

söödav / mittesöödav

mau / gentil

kuri / sõbralik

entusiasmado / entediado

põnevil / tüdinud

gordo / magro

paks / peenike

primeiro / último

esimene / viimane

amigo / inimigo

sõber / vaenlane

cheio / vazio

täis / tühi

duro / macio

kõva / pehme

pesado / leve

raske / kerge

fome / sede

nälg / janu

doente / saudável

haige / terve

ilegal / legal

ebaseaduslik / seaduslik

inteligente / burro

tark / rumal

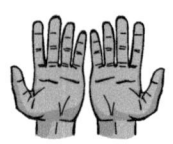

esquerda / direita

vasak / parem

perto / longe

lähedal / kaugel

novo / usado
uus / kasutatud

nada / algo
mitte midagi / midagi

velho / jovem
vana / noor

ligado / desligado
sees / väljas

aberto / fechado
lahti / kinni

baixo / alto
vaikne / vali

rico / pobre
rikas / vaene

certo / errado
õige / vale

áspero / liso
kare / sile

triste / feliz
kurb / rõõmus

curto / longo
lühike / pikk

lento / rápido
aeglane / kiire

molhado / seco
märg / kuiv

ameno / fresco
soe / jahe

guerra / paz
sõda / rahu

0

zero
....
null

1

um
....
üks

2

dois
....
kaks

3

três
....
kolm

4

quatro
....
neli

5

cinco
....
viis

6

seis
....
kuus

7

sete
....
seitse

8

oito
....
kaheksa

9

nove
....
üheksa

10

dez
....
kümme

11

onze
....
üksteist

12

doze
kaksteist

13

treze
kolmteist

14

catorze
neliteist

15

quinze
viisteist

16

dezasseis
kuusteist

17

dezassete
seitseteist

18

dezoito
kaheksateist

19

dezanove
üheksateist

20

vinte
kakskümmend

100

cem
sada

1.000

mil
tuhat

1.000.000

milhão
miljon

inglês
....
inglise

inglês americano
....
Ameerika inglise

chinês mandarim
....
mandariini

hindi
....
hindi

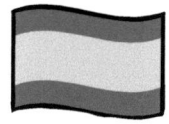

espanhol
....
hispaania

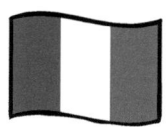

francês
....
prantsuse

árabe
....
araabia

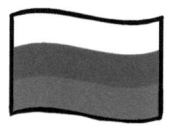

russo
....
vene

português
....
portugali

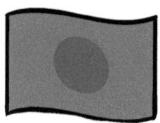

bengalês
....
bengali

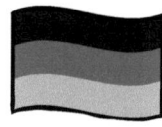

alemão
....
saksa

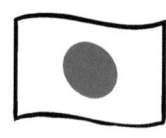

japonês
....
jaapani

eu

mina

tu

sina

ele / ela

tema

nós

meie

vós

teie

eles / elas

nemad

quem?

kes?

o quê?

mis?

como?

kuidas?

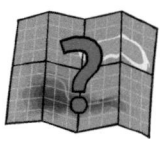

onde?

kus?

quando?

millal?

nome

nimi

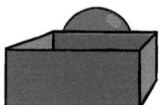

atrás

taga

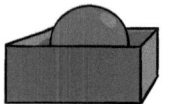

em

sees

à frente de

ees

sobre

kohal

em cima

peal

debaixo

all

ao lado

kõrval

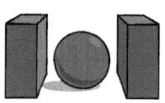

entre

vahel

lugar

koht